ESTRATÉGIAS DE TRADE PARA OPÇÕES BINÁRIAS

Aprenda Estratégias de Lucro com Opções Binárias

WAYNE WALKER

© Direitos Autorais 2017 por Wayne Walker. Todos os direitos reservados.

Este livro foi escrito com o objetivo de fornecer informações tão precisas e confiáveis quanto possível. Os profissionais devem ser consultados conforme necessário antes de empreender qualquer uma das ações aqui endossadas.

Esta declaração é considerada justa e válida tanto pela Ordem dos Advogados Americana quanto pela Associação do Comitê de Editores e é legalmente obrigatória em todos os Estados Unidos.

Além disso, a transmissão, duplicação ou reprodução de qualquer um dos seguintes trabalhos, incluindo informações precisas, será considerada um ato ilegal, independentemente de ser feito eletronicamente ou em papel. A legalidade se estende à criação de uma cópia secundária ou terciária da obra ou uma cópia registrada e só é permitida com o consentimento expresso por escrito da Editora. Todos os direitos adicionais são reservados.

As informações nas páginas seguintes são amplamente consideradas como um relato verdadeiro e preciso dos fatos e, como tal, qualquer desatenção, uso ou mau uso das informações em questão pelo leitor tornará qualquer ação resultante unicamente sob sua responsabilidade. Não há cenários em que o editor ou o autor original desta obra possa ser de alguma forma considerado responsável por qualquer dificuldade ou dano que possa lhes ocorrer após empreender as informações aqui descritas.

ÍNDICE

INTRODUÇÃO 5

CAPÍTULO 1: As Bases do Trade de Opções Binárias 7

CAPÍTULO 2: Análise Fundamental 11

CAPÍTULO 3: Análise Técnica 17

CAPÍTULO 4: Opções Básicas e Principais Razões pelas Quais os Traders Perdem 23

CAPÍTULO 5: Sinais e Tecnologia 29

CAPÍTULO 6: Estratégia de Co-integração 35

CAPÍTULO 7: Seleção de um Parceiro de Trade 39

CONTEÚDO BÔNUS: Análise Técnica Expandida 43

ESTRATÉGIA DE APOIO E RESISTÊNCIA 53

CONCLUSÃO 61

PERFIL DO AUTOR 63

INTRODUÇÃO

Parabéns por sua cópia pessoal de *Estratégias de Trade para Opções Binárias: Aprenda Estratégias de Lucro com Opções Binárias*.

Este livro garantirá que você esteja equipado para iniciar o trade de opções binárias e executar as estratégias que o acompanham. Ele examinará várias técnicas que podem aumentar sua capacidade de lucro. Os capítulos finais irão explorar movimentos estratégicos que você pode começar a usar imediatamente. O conteúdo bônus o levará ainda mais longe! Há muitos livros no mercado, obrigado mais uma vez por escolher este aqui.

CAPÍTULO 1:
As Bases do Trade de Opções Binárias

As opções binárias são frequentemente referidas como opções de trade que ou são tudo ou nada e, com razão, isto se deve ao modo como funcionam. As opções binárias diferem das opções simples porque seu pagamento é um valor fixo e baseado em uma proposta de sim/não. Esta dualidade de resultados possíveis para as opções binárias é o que lhes dá seu nome. Elas são instrumentos do mercado de capitais que muitas pessoas optaram por utilizar em sua busca de lucros.

O principal desafio com o trade de opções binárias é que muitas pessoas não são tão lucrativas quanto poderiam ser. Isto se deve ao fato de que elas não estão familiarizadas com as estratégias que podem usar para maximizar os lucros de seus negócios. Se você pretende negociar opções binárias ou apenas pensar em começar a negociá-las, você precisa ter certeza de que está preparado. Você se prepara revendo e aprendendo as diferentes possibilidades que você tem com as estratégias que iremos cobrir.

Tudo

O fator "tudo" joga com o desejo de negociar usando opções binárias para muitas pessoas. Você é capaz de ganhar uma boa quantia de dinheiro apenas com alguns trades e isso lhe dará outras possibilidades de negociação com seus novos lucros. Com as opções binárias, você não precisa adivinhar o que pode ou não fazer, dependendo do mercado. No início, quando você abre um trade com opção binária, você saberá exatamente o que poderá ganhar com a opção. Você fará essa quantia ou, em muitos casos, não fará nada. Se você foi seduzido pelo fato de que receberá uma quantia definida de volta, talvez você também queira dar uma olhada no outro lado do trade de opções binárias.

Nada

Se você não ganhar todo o dinheiro de volta que investiu (e mais), você não ganhará nada. Há sempre essa chance com o trade de opções binárias e isso pode ser um grande problema se você não tiver o capital para gastar em trades. Por esta razão, você precisa garantir que tenha capital de risco adequado para que ele não tenha um impacto enorme sobre você se você perder em um trade. Embora você possa fazer trade com opções binárias como um novo trader, pode nem sempre ser sua melhor opção porque você tem a chance de perder todo o capital de risco que você coloca. Esta é uma das desvantagens do trade de opções binárias e algo de que você precisa estar ciente.

Há várias estratégias, no entanto, que o ajudarão a se tornar lucrativo a partir deste tipo de opções. Quer você queira aumentar a probabilidade de ganhar dinheiro ou simplesmente queira aprender as especificidades que acompanham os lucros do trade de opções binárias, o uso dessas estratégias pode ser benéfico para qualquer um que as utilize.

CAPÍTULO 2:
Análise Fundamental

A maioria das pessoas que negociam ou estão envolvidas com os mercados utiliza, em certa medida, análises fundamentais. Quando você começar a executar os vários conceitos de trade apresentados mais adiante no livro, esta análise o ajudará a melhorar ainda mais. A análise fundamental é uma ferramenta que você utilizará com quase todas as outras estratégias. Como você se dá a oportunidade de explorar novos conceitos e aprender sobre as diferentes coisas que são possíveis com opções binárias, é uma boa ideia usar a análise fundamental para ajudá-lo ao longo do caminho.

Básico

A ideia básica por trás da análise fundamental é que você olhe para uma empresa ou para uma ação como um todo. Você precisa descobrir as informações nos balanços, juntamente com o fluxo de caixa e todos os outros aspectos relevantes da empresa. Você usará estas informações para equilibrar os riscos/recompensas que vêm junto com o investimento e isto o ajudará a ter uma melhor compreensão da empresa. Vale a pena investir, ou você deve buscar diferentes oportunidades com o dinheiro que possui?

Fluxo de Caixa

O fluxo de caixa é uma das áreas-chave que você examinará quando estiver usando o modelo de análise fundamental para ajudar a garantir lucros com as estratégias de opções binárias. Existe um fluxo de caixa positivo? Algum problema inusitado é contabilizado e explicado? Se a resposta a qualquer uma delas for "não", você precisará descobrir por que e então decidir se esta será ou não uma boa oportunidade para você.

Tempo em Atividade

O período de tempo que uma empresa esteve em atividade pode ter um impacto sobre a quantidade de dinheiro que você pode ganhar com isso em um período de tempo específico. Se uma empresa não está em atividade há muito tempo, pode não ser a melhor ideia optar por investir nelas. O mesmo vale se a empresa está em atividade há muito tempo – há uma data de expiração em tudo, e a empresa pode precisar fechar se não tiver acompanhado as mudanças no mercado.

Nível de Endividamento

O nível de endividamento é outro dos fatores a serem levados em consideração ao decidir investir em uma empresa. Você quer procurar o que é chamado de baixo índice de ativo-corrente para passivo circulante. Normalmente, um índice na área de 1 para 3 é aceitável.

Em alguns casos, porém, o dinheiro demais pode ser negativo. Pode ser um sinal de várias coisas; eles não estão investindo o suficiente no futuro, nada está na linha de desenvolvimento do produto. O excesso de dinheiro em espécie também pode significar que eles não estão procurando fazer nenhuma compra estratégica. Muitos dizem que é um sinal de que a liderança da empresa não está pensando de forma proativa o suficiente.

Tenha em mente que a relação é relativa ao setor que você está pesquisando, por exemplo, as empresas do setor tecnológico têm relações de endividamento muitas vezes superiores.

Índice Preço/Lucro

Isto é o quanto vale uma empresa em uma troca em relação à renda de seus produtos e serviços. Este é o método mais utilizado para avaliar as ações para ver se elas têm o preço correto. Você ouvirá o termo repetidamente, portanto é importante que você entenda este conceito. Usando um exemplo simples, se uma empresa tem ações avaliadas em 50 milhões e os lucros são de 5 milhões, o Índice Preço/Lucro é 10. Como discutimos com ativos para passivos, a relação é relativa ao setor que você está pesquisando.

Diretores Negociando

Os diretores são obrigados a divulgar quando negociam ações em suas empresas. Eles são geralmente os mais informados na empresa, portanto pode ser uma pista para eventos futuros, mas mantenha uma mente aberta.

Algumas pessoas dirão que os diretores estão vendendo porque há algo negativo acontecendo na empresa, ou estão comprando porque estão cientes de algo positivo. É um indicador, mas não é 100%, por exemplo, se vender, pode ser algo tão mundano quanto eles precisarem do dinheiro. Eles podem querer investir em outras coisas ou estão excessivamente expostos às ações daquela empresa em particular e precisam reduzir. Também poderia ser devido a um divórcio, portanto nem sempre é um sinal claro de que algo dramático está acontecendo.

Informações Fiscais

Ao analisar a base de análise fundamental por trás do negócio que você espera investir, você também pode olhar para os impostos. Olhar para os impostos do passado e do presente é útil se você for investir em um negócio e desempenhar um papel no quadro geral do mesmo. Se não há maneira de você ver os impostos ou se algo parece incomum sobre os impostos de uma empresa, reconsidere se esta empresa é para você.

Lucros Projetados

Há muitos métodos que você pode usar para descobrir qual será o lucro provável para uma empresa escolhida. Você pode usá-los e, na maioria das vezes, você encontrará as informações necessárias através de suas investigações. Se você não for capaz de prever um lucro em um futuro próximo, você pode querer considerar uma empresa diferente para investir.

O Geral

Sempre olhe para o quadro geral dos investimentos que você está considerando. O quadro geral deve fornecer as informações de que você precisa e o ajudará a avaliar o melhor uso de seus fundos. Combine todas as informações que você coletou e junte-as. Parece que o negócio é estável? Há lucros esperados? O que o futuro reserva para o negócio? Cada uma destas coisas o ajudará a descobrir o que pode acontecer e se você deve ou não fazer a escolha de investir. Você nunca sabe exatamente o que o mercado vai fazer, tenha isso em mente quando estiver investindo.

Esta estratégia é uma das melhores que você pode usar. Ela engloba todas as coisas relevantes que você precisa saber sobre um negócio, e é algo que quase todos os investidores usam quando consideram realizar um trade ou investir. Por último, você não precisa usar apenas uma estratégia (análise fundamental) e, de fato, o uso de duas estratégias pode ajudá-lo a obter mais lucros com o trade de opções binárias.

CAPÍTULO 3:
Análise Técnica

Embora os nomes sejam semelhantes, na verdade existem algumas diferenças entre a análise fundamental e as estratégias de análise técnica. Isto se deve às diferentes coisas em que se concentram e à forma como são capazes de alavancar as vantagens que vêm com cada uma delas. Um dos maiores benefícios do uso da análise técnica é que você não precisa se preocupar com o valor real de uma empresa (ou ativo) – apenas com os lucros que o ativo pode lhe trazer quando você investe ou negocia. Por este motivo, você terá menos trabalho a fazer quando estiver descobrindo seus próximos passos.

O Passado

O importante que você examinará quando utilizar a análise técnica são os movimentos prévios de preço do ativo. Você precisará ver os movimentos passados do mercado e a forma como as pessoas conseguiram ganhar dinheiro com eles. Esta também é uma boa maneira de garantir que as ações ou o par de moedas sejam realmente voláteis o suficiente para que você tenha lucro ao tentar prever quanto o preço subirá ou descerá.

Há muito que você pode aprender dos movimentos de preços passados de um ativo e da forma como ele reagiu aos eventos do mercado, por exemplo, um relatório de ganhos da empresa. Em seguida, você precisa avaliar se existem oportunidades adequadas de fazer dinheiro com base na forma como as ações foram executadas. Se investir a longo prazo, certifique-se de escolher principalmente oportunidades de investimento que foram lucrativas no passado porque têm mais chances de continuar assim no futuro.

Previsão do Futuro

Outro benefício que vem da observação dos movimentos de preços passados de um ativo é que você será realmente capaz de tomar uma decisão mais informada sobre o futuro do mesmo e as várias maneiras pelas quais ele poderia fazer você ganhar dinheiro mais tarde. Isto é essencial se você quiser ter certeza de que está lucrando com seus negócios.

As opções binárias podem ser uma aposta, portanto, você precisa reduzir suas chances de fazer trades ruins. No entanto, a análise técnica é uma ferramenta sólida que o ajudará a analisar as informações que podem influenciar a forma como suas negociações podem ser realizadas. Saber de antemão que uma empresa provavelmente terá um bom (ou ruim) desempenho faz com que suas chances de selecionar de forma muito melhor as calls e puts corretas. Mesmo com todas as informações, você precisa ter cuidado, pois os movimentos do mercado podem ser extremamente imprevisíveis e pode haver julgamentos errados.

Sem Demonstrações Financeiras

Às vezes pode ser difícil lidar com demonstrações financeiras, impostos e outras informações sobre as diferentes áreas que uma empresa possui. Por esta razão, as pessoas podem não querer utilizar análises fundamentais, mas sim optar por análises técnicas. Não funciona da mesma maneira, mas pode fornecer resultados igualmente positivos e dá aos investidores a capacidade de tomar melhores decisões sem ter que passar horas lendo documentos para as informações de que precisam. Estas vantagens são outro motivo pelo qual a análise técnica é frequentemente uma opção mais atraente para alguns traders e investidores.

Se você está preocupado com a precisão que vem do comércio ou investimento sem conhecer cada aspecto do passado financeiro do negócio, você pode ter certeza de que se beneficiará da análise técnica.

Ferramentas de Análise Técnica

Bandas de Bollinger – Ferramenta de Análise Técnica (1)

As bandas de Bollinger são uma ferramenta que muitos investidores e traders usam quando querem adicionar diferentes aspectos de análise técnica às opções binárias que possuem. Elas são usadas para medir a volatilidade do mercado. As bandas definem os limites superior e inferior da faixa de negociação. Quando você vê as bandas em um gráfico, você terá uma banda superior e uma inferior, o espaço entre a superior e a inferior, muitas pessoas chamam isto de canal de compra – venda. Você usa o espaço entre as bandas para ter uma ideia de onde você está dentro da faixa de negociação. Assim, se você estiver perto do topo, você sabe que está perto do nível de resistência e há um potencial para uma inversão de preço (o mercado muda de direção). Se você estiver na base, sabe que está perto do nível de suporte para uma possível inversão de preços.

Na maioria das vezes, os preços permanecem entre as faixas. Se o preço começa a subir, as pessoas tomam isso como um sinal, então é preciso estar ciente disso.

Média Móvel – Ferramenta de Análise Técnica (2)

Similar à banda de Bollinger, o indicador de média móvel é normalmente incluído com suas várias opções de gráficos. Quando você olha para o gráfico de média móvel, você será capaz de ver os movimentos de preço médio do ativo que você está analisando. Isto lhe dará informações não apenas sobre onde estavam os preços negociáveis, mas também onde estava a média de preços da empresa em relação às vendas que eles tinham (se fossem ações negociáveis). O preço médio é uma peça chave de informação que o ajudará a determinar o provável sucesso do trade, portanto, certifique-se de levá-lo em consideração ao ponderar várias ideias de trade.

As médias móveis (MM) são mais úteis porque facilitam a identificação de uma tendência. Isto é fundamental com ações, divisas ou alguns dos outros derivativos onde um mercado para cima é ótimo e um mercado para baixo também pode ser ótimo. Com estas classes de ativos, tudo o que precisamos fazer é identificar ou detectar esta tendência. Por exemplo, uma média móvel de cinquenta dias soma os preços de fechamento dos últimos cinquenta dias, divide por cinquenta e traça um ponto no gráfico para cada dia. Se olharmos para um gráfico de média móvel e tivermos MM de dez, MM de cinquenta, dez é o curto prazo e cinquenta é o longo prazo.

Quanto menor a média móvel, se esta estiver acima da média móvel maior, a tendência é considerada para cima. Se a média móvel mais curta estiver abaixo da média móvel mais longa, então as tendências são consideradas para baixo.

Índice de Força Relativa – Ferramenta de Análise Técnica (3)

O IFR, que é o Índice de Força Relativa, é usado para identificar se o mercado (ações, pares de moedas, etc.) está sobre-comprado ou sobre-vendido. Ele tem um índice de zero a cem. O IFR corresponde mais ou menos ao que está acontecendo no gráfico e deveria. As leituras abaixo de trinta indicam que o mercado pode estar sobre-vendido e quando você vê ou ouve o termo sobre-vendido, significa venda excessiva. Valores acima de setenta indicam que o mercado talvez tenha sobre-comprado, comprado em excesso. Tenha em mente que estas são indicações, elas não são garantias de nada. Como nota, o mercado pode permanecer sobre-comprado ou sobre-vendido por um período considerável de tempo. O IFR é um indicador líder, ele começa a dar sinais antes que a tendência tenha começado.

NOTA: Estas são apenas as bases dentro da análise técnica, claramente para ir mais longe você precisará de mais tempo e isso é recomendado, especialmente com o trade de curto prazo. Consulte o guia de análise técnica de bônus no final do livro para ampliar ainda mais o seu conhecimento.

CAPÍTULO 4:

Opções Básicas e Principais Razões pelas Quais os Traders Perdem

Opção de Call

Quando você compra uma opção de call, você tem a visão do mercado de que o preço de uma ação, uma moeda, um contrato de mercadoria, etc. subirá antes do tempo de expiração listado. As opções tradicionais tornam isso mais difícil porque exigem que você estime o grau em que o preço do ativo subirá dentro de um certo período de tempo, mas as opções binárias simplificam isso, tornando-a simplesmente uma questão de se o preço subirá ou descerá até um certo ponto no tempo. Assim, resumindo: se você acredita que o preço de uma ação (ou ativo relacionado) subirá, você comprará uma opção de call.

Opção de Put

As opções de put funcionam de forma semelhante às de call, mas na direção oposta. Se você acredita que o preço de um ativo está indo mais baixo, você comprará uma put. Uma opção de put indica que vai cair uma quantia dentro do tempo x, conforme indicado pela data de expiração. Seu objetivo, a fim de ganhar dinheiro com um contrato de opções de venda, é prever com precisão quando você acredita que o valor de um ativo cairá.

Se Protegendo

NÃO é possível garantir que você não perderá parte de seu dinheiro quando estiver negociando opções binárias, mas há algumas coisas que você pode fazer para ajudar a proteger o dinheiro que você tem e aumentar suas chances. Por exemplo, a estratégia básica de hedging de opções é o que você poderá usar enquanto estiver iniciando suas negociações.

Ativo Subjacente (Estratégia básica de hedge)

A primeira coisa que você pode considerar é negociar o ativo subjacente para que você tenha mais de um fluxo de capital que está indo para o trade. A negociação que você faz com o ativo subjacente servirá como a parte que o protegerá no caso de você começar a perder parte de seu dinheiro na opção. Um exemplo seria que, após comprar uma opção de put, você então compra a ação subjacente. Sua compra da opção de put indica que você espera que o preço da ação caia, se sua análise estiver incorreta e a ação subir mais alto, sua compra da ação o protegeria. Em outras palavras, você protegeu sua posição.

Colocando seu dinheiro em dois caminhos diferentes, você pode, potencialmente, receber dinheiro duas vezes. Entretanto, o valor que você pode lucrar depende das opções que você tem, da relação de cobertura (entre a opção e a ação subjacente), e com as várias despesas para a execução de suas operações.

Stop Losses

As ordens de stop loss que você usa com ações, por exemplo, alguns corretores oferecem variações destas ordens que podem ser usadas com opções binárias (Esteja ciente, as ordens de stop loss NÃO são uma característica comum na negociação de opções).

Em geral, a ordem de stop loss é usada para mitigar as perdas de uma pessoa, estabelecendo um ponto no qual a ação ou outro ativo será vendido se você comprou ou se você vendeu no início da negociação. Mais é perdido inicialmente ao negociar opções binárias simplesmente pelo fato de que o *montante* perdido não indica particularmente o *montante* do investimento pessoal perdido, pois as opções binárias são essencialmente apostas sobre se o preço de uma mercadoria ou ativo subirá ou cairá.

Fazendo Dinheiro

A forma como você ganha dinheiro com sua negociação vai depender das estratégias que você está usando. Pode ser um desafio às vezes ganhar dinheiro, portanto tenha todas essas informações em mente enquanto estiver negociando. Se você não for capaz de obter lucros suficientes ou se experimentar perdas excessivas do capital que possui, não será capaz de avançar e isso pode colocar um ponto final em sua carreira de negociação de opções.

Necessidades de Curto Prazo

Como há muita coisa acontecendo com o trade de opções binárias e as oportunidades que você tem, você logo verá os benefícios que vêm junto com o trade de curto prazo e a maneira como eles funcionam para várias estratégias. Se você quiser algo que vai ser uma negociação de longo prazo dentro do mercado de opções binárias, você pode considerar o uso da estratégia básica. Ela pode ajudá-lo a criar uma melhor chance de ter uma negociação vencedora e você provavelmente perderá menos dinheiro.

Começando Pequeno

É sempre melhor começar pequeno. Mesmo que você tenha muito capital que possa usar com opções binárias, você não deve colocar tudo isso. Colocar muito dinheiro adiantado é uma estratégia muito arriscada e algo que não é recomendado. Em vez disso, se você quiser lucrar a longo prazo, você deve colocar um pouco de dinheiro no início, fazer lucros a partir dessa quantia e depois colocar mais dinheiro em cada vez que você coletar os lucros que você ganhou com cada trade.

Principais Motivos que os Traders Perdem

As três principais razões pelas quais os traders perdem. A primeira é não ter um plano, como diziam antigamente, "falhar em planejar é planejar falhar", isto é verdade quando se trata de trade. Os exemplos deste nenhum plano vêm da experiência pessoal de lidar com novos traders. Algumas das histórias que ouvi são quase inacreditáveis, eu perguntava às pessoas "por que você fez este trade?" com dinheiro pelo qual eles provavelmente trabalharam duro, eu ouvi, "meu primo me disse para fazer isso", "eu ouvi sobre isso em um churrasco", coisas realmente quase inacreditáveis sem base alguma para realizar um trade. Portanto, se você não tem nenhum plano, os resultados refletirão isto.

O segundo motivo é o que eu chamo de risco demais. O risco demais é a pessoa, que está negociando opções binárias, moeda estrangeira ou algum produto derivativo onde você pode ter situações de até cem, duzentas ou trezentas vezes de alavancagem. Se eles realmente maximizarem isso e usarem toda a alavancagem disponível, então definitivamente terá alguma negociação arriscada pela frente. Você quer realmente dar uma olhada em sua exposição ao risco ou margem e, como mencionado em minhas aulas, você quer garantir que o fracasso seja sobrevivível.

A razão final é confundir trade com investimento. Aqui você descobrirá muitas vezes que as pessoas vão adotar esta abordagem de competição, dizendo que trade é melhor do que investir, eu digo que isso depende do que você está fazendo. Se você está fazendo trade, e para mim se você está fazendo trade, isso significa que você tem um prazo relativamente curto. Por exemplo, com day traders, eles abrirão e fecharão trades dentro de um dia, portanto usam as ferramentas aplicáveis para isso, como a análise técnica. Se você tiver um horizonte de tempo mais longo, a partir de um ano, cinco anos, dez anos, então você usará as ferramentas para isso. Pegar técnicas de escalonamento ou de day trade e colocá-las em seus investimentos não é uma boa estratégia.

CAPÍTULO 5:
Sinais e Tecnologia

Há algumas estratégias que exigem tão pouco trabalho que o computador realmente fará a maioria, se não todas as operações de trade de opções binárias para você. Esta é a ideia por trás do auto-trade que é algo a que as pessoas não tinham acesso no passado por causa da falta de tecnologia necessária.

Tudo o que você precisa fazer com estes programas é colocar o capital de risco que você quer negociar, e então você terá o dinheiro negociado automaticamente. Isso lhe dá a oportunidade de tentar mais estratégias com suas opções binárias enquanto você trabalha em direção à rentabilidade inicial.

Algoritmos

Estas são ferramentas que o ajudarão a executar trades de opções binárias que, esperamos, o levarão a um território lucrativo. Elas podem ser uma coisa boa se você não gosta ou quer tomar muitas decisões sobre as diferentes opções binárias que estão disponíveis para negociação. Algoritmos também podem ser usados em um plano para gerar renda passiva.

É uma boa ideia investigar os diferentes tipos de trades que serão realizados de acordo com os algoritmos, o ponto aqui é ter certeza de que você fará sua pesquisa. Às vezes pode ser difícil entender como funciona a programação que está por trás dos algoritmos, portanto, certifique-se de estar ciente desse fato antes de tentar usá-los. É fortemente recomendado que você faça algumas operações *manuais básicas* antes de começar, para que as operações algorítmicas não sejam a primeira coisa que você faz.

A abordagem de negociação que é feita por um algoritmo é diferente do que se você fosse uma negociação de opções binárias por telefone, que era como o trade era feito no passado. Um algoritmo está trabalhando com números e códigos ao mesmo tempo em que se faz uma varredura contínua do mercado em geral em busca de oportunidades de negociação. Um jogo de números, como a negociação de opções, é algo natural; como resultado, a margem de erro em um programa de negociação de opções binárias muito bem escrito é muito menor do que a de um humano.

Um dos desafios que existem para o algoritmo de trade é que as pessoas simplesmente não têm tanta experiência com o trade de opções binárias baseadas em algoritmos como têm com o trade tradicional. Você precisará escolher cuidadosamente entre os algoritmos de opções que estão disponíveis no mercado.

Sinais

Existem diferentes provedores de sinais de opções binárias que lhe dirão quando você deve negociar e como você deve ajustar as configurações de suas negociações executadas. Estes sinais podem incluir sugestões sobre:

- Stop Loss
- Níveis de Entrada
- Obtenção de Lucros
- Ordens de Stop de Compra/Vende
- Ordens de Limite
- Ordens de Mercado

Cada um dos provedores tem abordagens diferentes dos sinais e terão sinais diferentes nas áreas em que são especialistas. Qualquer que seja o escolhido, você deve ser capaz de confiar nos sinais que vêm deles e nas sugestões de trade que eles disponibilizam.

Certifique-se de que você está usando um sinal compatível com a plataforma de trade que você possui. Há alguns sinais que não funcionarão com certas plataformas. Os sinais podem ser complicados, portanto aprenda o máximo que puder sobre eles antes de usá-los em suas negociações. Apesar do fato de estar usando sinais, você ainda deve considerar ter uma corretora que tenha os recursos para ajudá-lo com o trade de opções, se necessário. O trade de opções binárias, não importa quão automatizado ele seja, ainda pode ser complicado às vezes.

Aplicações

Embora os algoritmos sejam realmente convenientes para as pessoas que querem automatizar a negociação que fazem com opções binárias, você pode aproveitar ainda mais a tecnologia do mercado de capitais quando utiliza as aplicações que estão disponíveis. Você pode experimentar as diferentes aplicações para ajudá-lo a obter o máximo de benefícios de suas opções. Elas o ajudarão não apenas a ter uma experiência mais fácil com o trade, mas também permitirão que você faça tudo isso no celular. As aplicações são fáceis de usar, combinam muitas propriedades diferentes e lhe dão a chance de ver suas negociações em tempo real, não importa onde você esteja.

Se você optar por utilizar aplicações para seus trades de opções binárias, certifique-se de começar com elas gradualmente e no início de sua carreira de trade, para que você possa evitar ter que fazer grandes negociações à medida que você se torna mais experiente. Uma observação para ter em mente, dado o quanto a tecnologia é relativamente nova, certifique-se de que a aplicação que você decida usar seja bem avaliada por outros traders.

CAPÍTULO 6:
Estratégia de Co-integração

Há muitas classes de ativos que você pode selecionar quando estiver começando com opções binárias. Esta estratégia lhe dará a chance de explorar à medida que você se tornar mais experiente e descobrir exatamente quais métodos funcionam para você.

A ideia é encontrar dois ativos (ações, pares de moedas) que sejam semelhantes um ao outro e estejam correlativamente relacionados, seja devido a uma indústria relacionada ou algo parecido. Isto permitirá que você perceba quando há uma diferença entre os dois e possa lucrar com a diferença (gap) que existe entre eles.

Encontrando os Ativos

A base de toda esta estratégia é encontrar duas ações ou ativos que estejam relacionados, identificar um gap entre os dois e depois utilizá-lo em seu benefício. Sempre que houver um gap, por exemplo, entre duas ações altamente relacionadas, ela muitas vezes se fechará. A rapidez com que ela se fecha depende muito da volatilidade do mercado.

Na maioria das vezes, você será capaz de encontrar pares de moedas que são semelhantes e correm por caminhos semelhantes, mas existe um gap perceptível entre eles. Forex e ações são os tipos de ativos que você pode usar com a teoria da co-integração. Ao observar as diferentes classes de ativos e gradualmente descobrir como a co-integração funciona, com alguma prática, você pode obter um lucro decente. Olhe para as diferentes opções binárias por classe de ativos para que você possa encontrar as duas melhores ações ou pares de moedas aplicáveis para usar ao montar sua estratégia de co-integração.

Reconhecendo a Diferença

A diferença entre os dois é onde você vai ganhar seu dinheiro. Você não quer que o gap aberto seja muito grande ou muito pequeno porque isso tornará mais difícil para você descobrir um caminho a seguir. Uma vez que você tenha encontrado um gap adequado entre os dois ativos, essa é a diferença que você vai querer explorar. Depois de ter feito isso uma vez, será mais fácil para você repetir o caminho adiante. Você pode continuar usando o mesmo modelo, já que você negocia mais opções.

Aja de Acordo

Encontrar ativos que tenham gaps e reconhecer que há gaps que você pode lucrar são apenas as primeiras partes da estratégia de co-integração. Você precisará reconhecer qual ativo está causando o gap – muitas vezes é devido à fraqueza temporária de uma ação ou a um súbito aumento de outra, embora possa haver muitos motivos. Da melhor maneira possível, identifique qual é o motivo e depois compre um call se acreditar que uma ação está sobre-vendido pelo mercado, ou compre um put se pensar que uma ação está passando por um surto temporário e logo cairá.

Ponto de Saída e Lucro

O ponto onde o gap se fecha é o ponto de saída. Este é o ponto que você estará procurando cada vez que utilizar esta estratégia. Se você quiser ter certeza de que está tirando o máximo proveito da estratégia de co-integração, tudo o que você precisa fazer é entrar no ponto de saída. Se você estiver atento e trabalhar estrategicamente com suas opções binárias, você pode até mesmo começar a prever o tempo do ponto de saída.

CAPÍTULO 7:
Seleção de um Parceiro de Trade

O que você procura quando está pensando em abrir uma conta de trade (com fundos)? Primeiro, uma plataforma confiável, para mim confiável significa que quando é hora de negociar, a plataforma está funcionando, também significa que você pode obter preços competitivos (negociáveis) que lhe permitem comprar e vender com facilidade. Se você está negociando em uma corretora que tem uma plataforma que está fora do ar mais de duas vezes por ano, então você definitivamente quer considerar mudar, não é correto que eles fiquem fora do ar mais do que uma vez por ano, porque a maioria das plataformas estão online o tempo todo.

A próxima coisa que você quer ver é o que eu chamo de boa liquidez sobre os números. Quando menciono "números", estou me referindo a se você está procurando fazer negócios a partir de notícias, por exemplo, sobre números de relatórios de empregos, relatórios de taxas de juros, números de moradias. Há muitos comerciantes onde mais ou menos grande parte de sua estratégia é baseada em negociação como nós a chamamos no negócio, "sobre números". Isto é negociar no meio de relatórios de notícias de mercado e este é também o momento em que você pode realmente entrar neste tipo de aperto de liquidez. Em um exemplo concreto com a necessidade de boa liquidez sobre os números, digamos que a decisão do Banco da Inglaterra sobre as taxas é anunciada, você está tentando uma negociação, e quando você tenta comprar ou vender, sua corretora continua solicitando os preços ou talvez ela nem mesmo permita que você execute. Se você estiver passando por isso regularmente, você deve considerar a possibilidade de negociar em outro lugar, porque você deve ser capaz de fazer a negociação mesmo por meio de relatórios de notícias.

Finalmente, você definitivamente quer falar com seus amigos, se seu amigo é um trader pesado de opções, descubra sobre suas experiências com a corretora dele. Porque geralmente esta é uma boa fonte de como ela (a corretora) é quando você precisa negociar. Você também vai querer saber sobre o processo quando houver a necessidade de transferir dinheiro para a conta ou a partir da conta. Qual tem sido a experiência de seu amigo? tem sido bastante tranquila ou tem havido muita administração e eles precisaram enviar muitos e-mails a fim de realizar isto.

Em revisão das coisas que você precisa para selecionar um bom parceiro comercial, uma plataforma confiável, boa liquidez sobre os relatórios do mercado e o feedback de seus amigos.

CONTEÚDO BÔNUS:
Análise Técnica Expandida

Como prometido, há muito mais neste livro do que o conteúdo que você leu até agora. Este guia exclusivo de análise técnica fornece conteúdo expandido sobre opções binárias de forex, ações e commodities. Você terá o máximo benefício ao combinar o conteúdo que você leu até agora com o guia de análise técnica.

Quadro de Tempo

Prazo, o fator mais crítico de uma decisão de trade. A decisão de comprar ou vender sempre começa com o prazo. Um sinal para comprar ou vender para um day trader é diferente de um swing trader e, na maioria dos casos, extremamente diferente de um trader/investidor de longo prazo. Os exemplos que usaremos são baseados em prazos de negociação de curto prazo/day trader.

Day trade – Fechar posições dentro de 24 horas

Swing trade – Manter posições abertas de algumas horas a alguns dias, no máximo

Para traders de curto prazo, um gráfico de 1 hora é bom para obter uma visão geral do mercado e, em seguida, tomar a decisão de negociar fora do quadro de 30 ou 15 minutos. Quanto mais curto for seu horizonte de tempo de trade, mais curto será o período de tempo do gráfico.

Para usar as configurações acima, é recomendado que você crie gráficos de diferentes períodos de tempo e os deixe abertos em sua plataforma de trade. Isto tornará a negociação mais eficiente.

Horário e sua localização no canal comprar – vender

Uma vez estabelecido o prazo, você precisa localizar onde você está no canal de trade (o canal de trade é a área entre as bandas altas e baixa das Bandas de Bollinger). Se você estiver próximo ao topo do canal que indica que você está próximo a um nível de reversão potencial (onde o mercado gira/inverte), por exemplo, se estiver subindo, de repente ele se dirige para baixo. Se estiver na parte inferior e o mercado se dirigir para cima, é também um nível de inversão.

O que fazer em níveis de inversão

É aqui que a negociação se torna um pouco complicada. Só porque estamos em um nível de reversão ou perto dele, não há garantia de que ele se reverterá. Poderíamos também obter uma ruptura (o mercado está indo acima/abaixo dos níveis de resistência ou suporte conhecidos). Uma dica para descobrir o que fazer a seguir é simplesmente rever o gráfico para movimentos passados do mercado (subiu ou desceu) no nível de preço que você está procurando para ver o que aconteceu no mercado da última vez. Isto é importante porque a "pessoa" central aqui é o mercado e não você).

Por exemplo, se o mercado cair, há uma boa chance de que ele faça isso novamente. No entanto, isto NÃO é uma garantia, e você também precisa estar ciente dos dados fundamentais (relatório de notícias, dados econômicos), uma vez que isto poderia afastar tudo do resultado da última vez.

Se você ainda não tem uma posição aberta, e o mercado está em um nível de inversão potencial, uma maneira de negociar é estabelecendo uma ordem de compra acima do nível de inversão. Portanto, se o mercado conseguir a inversão, então você está dentro. A ordem de compra também faz parte de sua gestão de risco porque só há dinheiro em cima da mesa se ela for executada e se tornar uma negociação.

Após descobrir onde você está no canal de compra/venda, agora você quer prestar atenção ao IFR e ao que ele está lhe dizendo. Você precisa ter uma correspondência entre isso e sua execução de trade. Portanto, se o IFR estiver nos níveis de compra excessiva e você estiver perto dos níveis de reversão nas bandas de Bollinger, então é um sinal de uma boa oportunidade de venda potencial.

Sinais ideais de compra

Idealmente em um sinal de compra você quer que seu IFR esteja subindo de ou perto dos níveis 30-40, dando bom espaço/oportunidade para subir. Ao mesmo tempo, você também quer que o mercado esteja localizado/operando perto da parte inferior do canal nas Bandas de Bollinger.

Finalmente, se usar os gráficos de candelabros você quer que eles sejam verdes (preços fechando). Como você pode ver, precisamos ver os mesmos dados (para cima) a partir de nossas ferramentas. Olhando para os candelabros vermelhos (preços fechando mais baixo) e os níveis de IFR sobre-compra (compra excessiva) é um sinal misto. Isto lhe diz para "ficar de lado", não negociar até que as coisas fiquem mais claras.

Sinais ideais de venda

Um sinal de venda ideal é simplesmente o oposto do acima mencionado. Em outras palavras, seu IFR descerá dos níveis 70-80. Ao mesmo tempo, você também quer que o mercado esteja localizado/operando próximo ao topo do canal nas Bandas de Bollinger. Finalmente, se usar os gráficos de candelabros, você vai querer que eles fiquem vermelhos (preços fechando).

Finalizando

O ideal é executar um trade a partir de quando as coisas estão o mais próximo possível do ideal. Quando confrontado com áreas cinzentas/decididas, sugiro que você use ordens de compra ou venda. As ordens NÃO são negociações, portanto nenhum dinheiro está em risco até que sejam executadas. Estas ordens serão colocadas perto dos níveis ideais a partir dos quais você está procurando negociar.

Como já sublinhei várias vezes, cenário ideal de negociação ou não, você sempre coloca uma ordem de parada. Infelizmente, mesmo a melhor pesquisa do mundo não é garantia de uma negociação lucrativa.

Ajustes para as ferramentas de análise técnica

IFR

Um IFR, o padrão de 14 é suficiente para a maioria das operações de FX, CFD, equity trading. No entanto, para negociações de curto prazo como o day trade ou o swing trade, o 14 não é o ideal. Sugiro 7 para swing trade e até 4 para day trade.

Bandas de Bollinger

As configurações padrão parecem funcionar melhor para a maioria dos traders e eu sugiro que você mantenha esta configuração.

Médias Móveis

Usamos 50, 100, 200. O 50 é o sinal de alerta, 100 é o curto prazo e 200 é o longo prazo.

SINAIS DE TRADE

SERVIÇOS DE SINAIS DE TRADE DE OPÇÕES BINÁRIAS

Os sinais ajudam os traders, terceirizando o processo de pesquisa. Por que alguém precisaria de sinais de trade se a negociação de opções binárias é tão simples? Prever se os preços vão subir ou descer é complicado.

Os sinais de trade são recomendações enviadas por e-mail, SMS, etc. Os traders são informados para colocar uma negociação com o tempo de expiração e o preço de ativação da opção. Se você estiver confiante na precisão do serviço de sinais, você simplesmente negocia com os sinais. Você também pode usar os sinais para reconfirmar sua própria pesquisa.

PRECISÃO NÃO É GARANTIA DE LUCRO

Porque os sinais de um fornecedor devem ser agidos rapidamente. Com mercados rápidos, você tem apenas uma pequena janela de oportunidade. A maioria das recomendações recebidas será válida por até uma hora, algumas serão boas apenas por alguns minutos.

CONFIABILIDADE DOS SINAIS DE TRADE

Os sinais são tão bons quanto as pessoas por trás deles. Eles podem ser ou uma empresa de analistas profissionais ou apenas traders veteranos com anos de experiência. Confira as análises.

Sinais: Coisas a Considerar

- **O PREÇO**

Um preço mais alto nem sempre é uma indicação de quão preciso um fornecedor de sinais pode ser.

- **REIVINDICAÇÕES INACREDITÁVEIS**

Se você se deparar com um fornecedor que faz reivindicações loucas sobre seus serviços, fique longe deles.

- **ESTEJA ATENTO A RESULTADOS FALSOS**

Qualquer coisa pode ser manipulada. Seja cauteloso com as imagens enviadas pelos provedores como prova da precisão de seus serviços.

- **REPUTAÇÃO E HISTÓRICO**

Procure sempre um fornecedor com boa reputação e um histórico entre seus amigos do trade.

ESTRATÉGIA DE APOIO
E RESISTÊNCIA

ESTRATÉGIA DE APOIO E RESISTÊNCIA

Os mercados são conhecidos por flutuarem, o que torna ideal para os novos traders negociarem opções binárias (Call/Put).

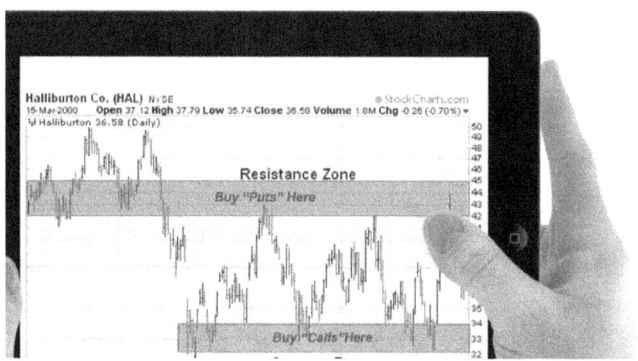

IMPLEMENTANDO A ESTRATÉGIA

A beleza da estratégia de apoio e resistência é fácil de entender e pode ser aplicada a qualquer mercado. Compre um put no nível de resistência ou compre um call no nível de apoio.

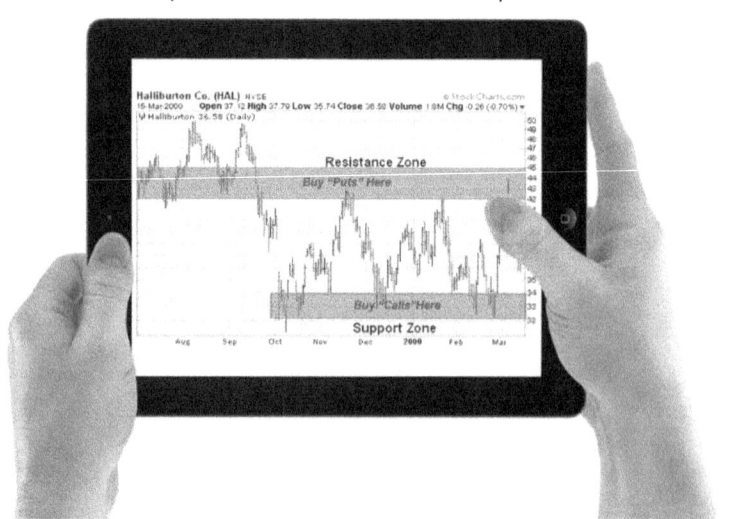

A ESTRATÉGIA DA QUEBRA TRIANGULAR

PADRÕES TRIANGULARES

Os padrões triangulares formados nas tabelas de preços podem ser um dos três tipos de formas, simétricas, ascendentes e descendentes.

TRIÂNGULO SIMÉTRICO

Este padrão de gráfico é formado como resultado da indecisão no mercado. O puxão de guerra entre a demanda e a oferta faz com que os altos e baixos do preço do ativo convirjam juntos e, portanto, formam este padrão.

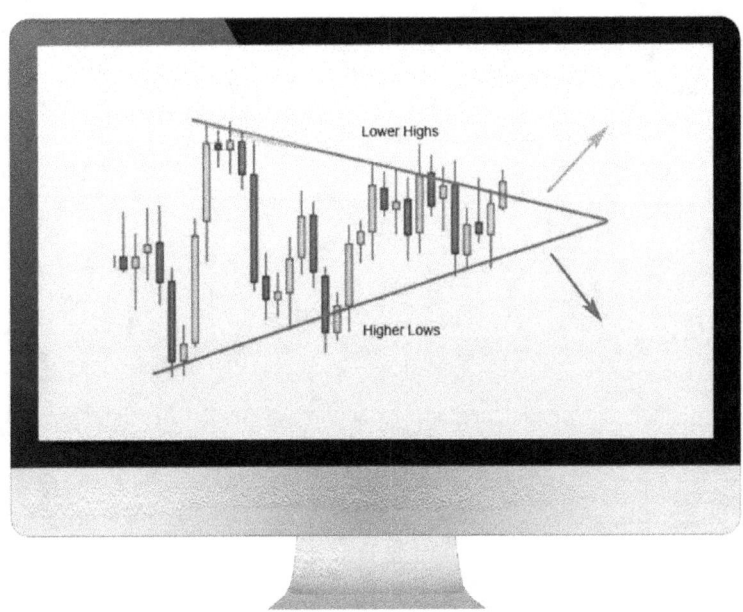

Como tirar proveito de um padrão tão neutro? Você compra uma opção de call acima da inclinação das alturas inferiores e uma opção de put abaixo da inclinação das alturas inferiores. Independentemente da direção dos preços, iremos com ela.

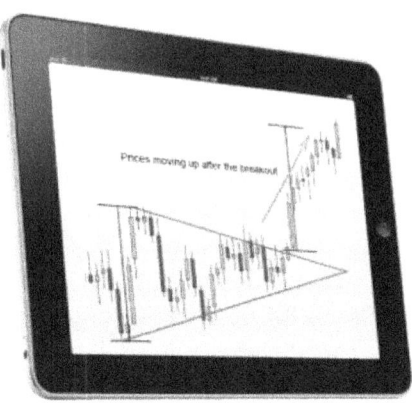 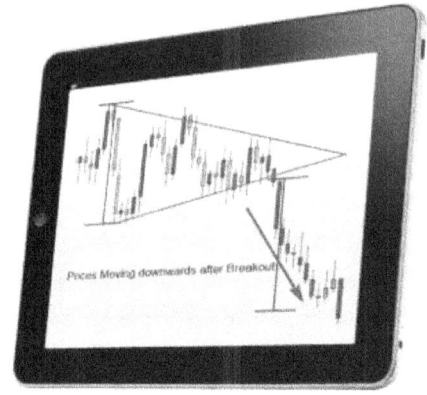

Assim que os preços atingirem o primeiro pedido, coloque outro pedido na mesma direção que o primeiro pedido atingido, a fim de maximizar a quebra.

ASCENDING TRIANGLE

O padrão é uma linha de banda de rodagem horizontal na parte superior e uma linha de tendência ascendente na parte inferior. Formado quando uma série de baixas mais altas sobe em direção a uma linha de resistência. Os compradores no mercado estão ganhando força através de uma série de baixas mais altas. Mais cedo ou mais tarde acontecerá uma quebra. Normalmente, os preços estarão na tendência de alta, uma vez que as pressões de compra estão forçando os preços de fechamento a subir, no entanto, é possível que os preços possam ir para o outro lado

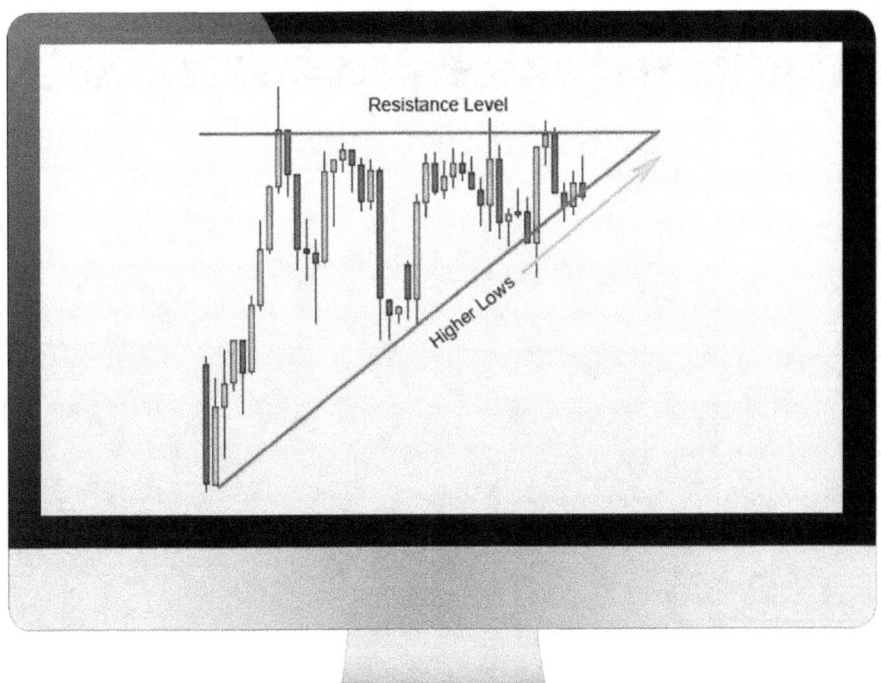

Se esperamos que os preços estejam na tendência de alta, compre uma opção de call no nível de resistência ou ligeiramente acima dele.

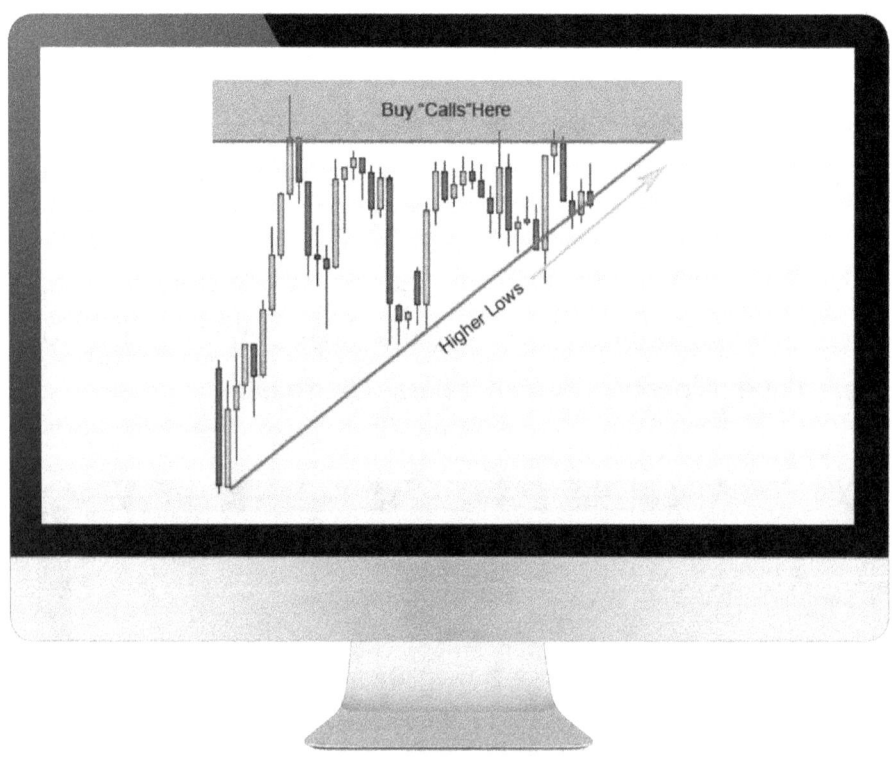

TRIÂNGULO DESCENDENTE

Caracterizado por uma linha de tendência descendente inclinada convergindo para um nível de apoio horizontal. Este padrão é formado quando a pressão de venda no mercado está lentamente ganhando terreno contra as forças da demanda (compra).

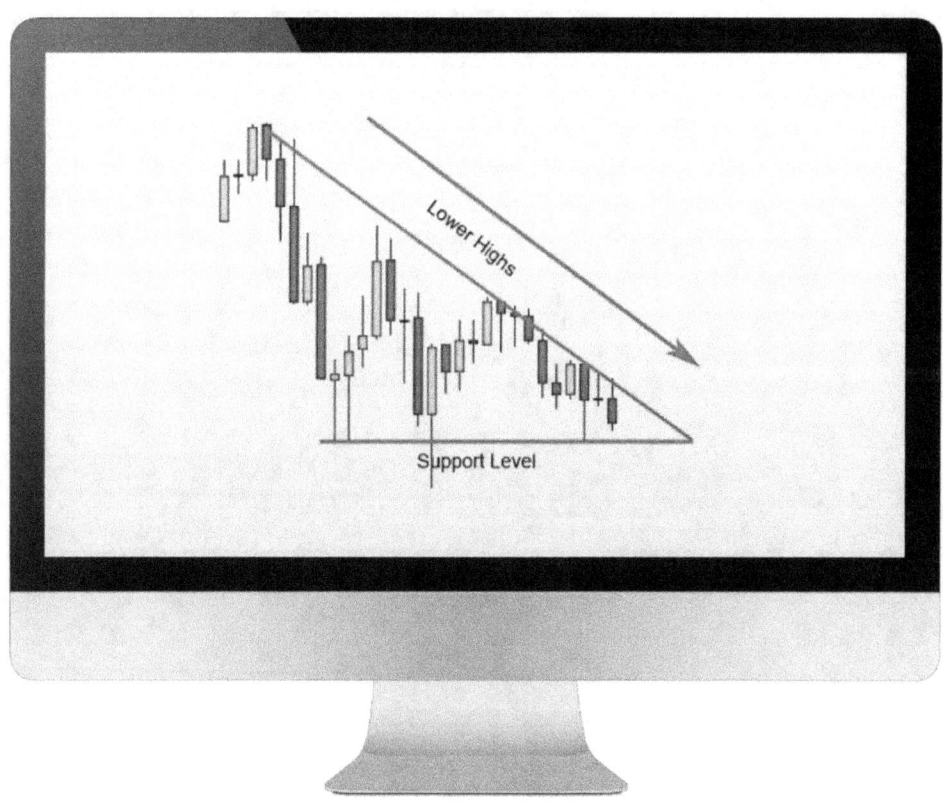

Como a pressão de venda está forçando a queda dos preços de abertura, é altamente provável que os preços se desprendam em uma tendência descendente. Como esperamos que o preço caia, compre uma opção de put no nível de apoio ou ligeiramente abaixo dele.

CONCLUSÃO

Obrigado por ter chegado até o final de *Estratégias de Trade para Opções Binárias: Aprenda Estratégias de Lucro com Opções Binárias*. Espero que tenha sido informativo e capaz de fornecer a você o primeiro conjunto de ferramentas necessárias para atingir seus objetivos de negociação com opções binárias e ganhar dinheiro com elas.

O próximo passo é testar suas habilidades no trade e construir seu capital de risco para que você possa fazer negócios adicionais. Isto o ajudará a ter uma melhor experiência e lhe dará a motivação de que você precisa para ter sucesso com a negociação de opções binárias.

PERFIL DO AUTOR

Wayne Walker é o diretor de uma empresa de educação e consultoria de mercados de capitais globais (gcmsonline.info). Ele possui muitos anos de experiência em liderar e treinar equipes de Consultores de Investimento e gerenciou equipes de alto desempenho no Grupo de Clientes Privados com base no Bench Mark Earnings (BME).

www.ingramcontent.com/pod-product-compliance
Lightning Source LLC
Chambersburg PA
CBHW070848220526
45466CB00005B/1933